PRACHTIG
IERLAND

Uitgevers in Ierland:
Gill and Macmillan Ltd
Goldenbridge
Dublin 8
Mede-genootschappen in:
Auckland, Dallas, Delhi, Hong Kong,
Johannesburg, Lagos, London, Manzini,
Melbourne, Nairobi, New York, Singapore,
Tokyo, Washington
Fotos © 1992, Colour Library Books Ltd, Godalming, Surrey, Engeland
Tekst © 1992, Gill and Macmillan
Kleur-scheiding, Hong Kong Graphic Arts Ltd, Hong Kong
Gedrukt en gebonden in Singapore door Tien Wah Press
Vertaald door: Albertine Kouffeld-O'Connor
0 7171 1961 0
Alle rechten worden gereserveerd. Niets uit deze uitgave mag worden verveelvoudigd en/of openbaar gemaakt door middel van druk, fotokopie, of op welke andere wijze ook zonder voorafgaande schriftelijke toestemming van de Uitgever.

PRACHTIG IERLAND

Gill and Macmillan

Een van de mooiste en schilderachtigste wegen in Ierland loopt ten westen van het stadje Dingle (Co. Kerry), naar het voorgebergte van Slea Head, het meest westelijke punt van het land. Het is een majestueuse kustweg die diep in de zijkant van de bergen uitgegraven is en een adembenemend uitzicht over de zee biedt, die in schoonheid te evenaren is met waar dan ook in de wereld. Als je naar beneden kijkt, zie je de ziedende zee; iets verder liggen de Blasket Islands en daarna niets, behalve de brede Atlantische Oceaan die zich helemaal naar Amerika uitstrekt.

Maar behalve deze beroemde kustweg is er nog een tweede, oudere weg, die niet langs de voet van de berg loopt, maar tegen de zijkant op. Het is een smal weggetje dat in het midden begroeid is met gras en zo nauw, dat twee tegenovergestelde autos elkaar bijna niet passeren kunnen. Het weggetje loopt ongeveer twee kilometers lang bergafwaarts, en men heeft hier alleen maar een uitzicht over het grillige berggebied. Dan draait het scherp naar links en voert in de richting van Dunquin, het dorpje wat naast Slea Head ligt. Men ervaart hier een kleurenschouwspel van hemel, zee, eilanden en voorgebergte. Het is alsof de ganse schepping aan je voeten ligt. De welbekende uitzichten over Slea Head en de Blaskets, hoe mooi ze ook zijn, lijken banaal vergeleken met dit overweldigend panorama.

En dàt is het geheim van prachtig Ierland. Zodra je denkt dat je alle mogelijkheden uitgeput hebt, zie je onverwachts weer iets nieuws om van te genieten. Vanaf Killarney in het zuiden, tot de Giant's Causeway in het noorden, van Galway Bay tot de hoofdstad Dublin, zijn er een overvloed van bezienswaardigheden en historische plaatsen, die allen een bezoek waard zijn. Behalve de in het oog springende plaatsjes, zoals beschreven in een reisgids, zijn er vele verborgen plekjes die je zelf ontdekken kan, vaak zonder het zelfs maar te proberen, en dat maakt dat Ierland een lust is om te bezoeken.

Alhoewel Ierland een klein landje is met een nog kleinere bevolking, biedt het toch een verbazingwekkend mengsel van natuurschoon en karakter aan. Niettegenstaande het feit dat Ierland niet dicht bevolkt is, heeft het een modern transport infrastruktuur zodat reizen per trein, lucht of auto gemakkelijk en zonder zorgen verloopt.

Het zuid-westen van het land wordt gedomineerd door de majestueuse bergtoppen van Kerry en Cork, met als hun juweel Killarney, hetgeen in het midden ligt. In het westen van Ierland bevinden zich de provincies Clare, Galway en Mayo, met fabelachtig Connemara gelegen aan de noordelijke kust van Galway Bay, het middelpunt van dit gebied. Donegal, in het noord-westen, is een der minst bekende, maar mooiste hoekjes van Ierland en heeft behalve bergen en dalen, enige van de schoonste en meest onbedorven stranden van heel Europa. En zo reis je door het weelderige landschap van het noord-oosten, naar de zacht glooiende heuvels, het rijke boerenland, en de zandige stranden van het zonnige zuid-oosten.

En zelfs na al deze schoonheid gezien te hebben, moet de kern van Ierland, vanaf de kust af, nog ontdekt worden. De Shannon – de langste rivier in Engeland en Ierland – en een keten van meren en rivieren in het centrale noorden van het land, behelzen een onovertroffen netwerk voor pleziervaarten en vissen. Het mooie rivierenlandschap van de Barrow, de Nore, de Slaney en de Suir in het zuid-oosten, vormen een bijzonder lieflijk gedeelte van dit minder bekende Ierland, hetgeen toch allemaal om de hoek schijnt te liggen.

Ook de oude Ierse kultuur draagt toe aan het reisgenot. Overal in het land vindt men indrukwekkende overblijfsels uit het verleden – vooral het verbazingwekkende, meer dan 5000-jaar oude Gangengraf in Newgrange, gelegen in het dal van de Boyne. Gedurende de laatste 30 jaar is het door archeologen uitgegraven en liefdevol gerestoreerd. Vele Ierse dorpjes en steden zijn net zo oud, zo niet ouder, als vele steden in Europa. In 1988 b.v. vierde Berlijn zijn 750-jarig bestaan, terwijl Dublin zijn 1000-jarig bestaan vierde. De zetel van de koningen van Munster in Cashel kijkt uit over de weelderige vlakten van Tipperary. Gedurende het prille christendom werd deze historische plaats (heden een van de indrukwekkendste in het land) in een kerkelijk centrum omgezet. Overal in Ierland liggen de pracht en drama van het verleden aan je voeten.

Daarbom ben je welkom in prachtig Ierland, het kleine landje met de grote glimlach. Als je er eenmaal geweest bent, zal je steeds weer willen terugkeren.

boven en beneden: De Giant's Causeway ligt aan de kust van Antrim en is het meest indrukwekkende bewijs van vulkanische aktiviteit op deze eilanden. Het basaltplateau van Antrim eindigt hier in een schilderachtig rotsenlandschap.

ommezijde: Uitzicht over de klippen van Great Stookan, met in de verte het schiereiland lnishowen.

nks: Carrick-a-rede is verbonden met
 et vasteland door een beroemd
 oetbruggetje gemaakt van touw,
 etgeen door de plaatselijke vissers elke
 omer opnieuw weer gespannen wordt.
 rven: Op een door de zee uitgeholde
 ots op weg naar Portrush liggen de
 itgebreide ruïnes van Dunluce Castle.
 chts: Carrickfergus Castle is het
 olwerk van een der oudste steden in de
 rovincie Ulster en was, in de
 iddeleeuwen, een zeehaven van
 rategisch belang.

 nmezijde: Het Raadhuis van Belfast,
 avonds.

links: De Mourne Mountains bestaan uit meer dan een dozijn pieken, waarvan de hoogste Slieve Donard is, die tegelijkertijd de hoogste berg in noord-Ierland is. *top rechts:* Uitzicht vanaf Crocknafeoia Wood over de Mourne Mountains. *boven:* De Mourne Mountains gezien vanaf de Spelga Dam.

boven: Gosford Castle (Co. Armagh) werd in de Normandische stijl gebouwd voor Archibald Acheson, de tweede Graaf van Gosford. Werk begon in 1819. *rechts:* Drum Manor Forest Park, dichtbij Cookstown (Co. Tyrone), was het landgoed van de Grafen van Castlestewart.

links: Het Binnenmeer, gelegen in Dartry Forest (Co. Monaghan), behoorde vroeger aan het Landgoed Dartry. *boven:* Lough Erne, (Co. Fermanagh) is een vredig toevluchtsoord voor vissers en oudheidkundigen en strekt zich uit van Enniskillen tot Belleek. *rechts:* Met een oppervlakte van 396 km² is Lough Neagh (Co. Armagh) het grootste meer in Ierland en Engeland. Het water van de Upper Bann vloeit naar dit meer toe, terwijl de Lower Bann het weer afvloeit.

links: Een adembenemende blik over het Downhill Strand. *rechts:* Het landschap van Benevenagh inspireerde (zegt men) een rondreizende Ierse harpist om het traditionele Ierse melodietje ('The Derry Air') te componeren. *beneden:* Castlerock, Co. Derry).

boven: Het binnenbrengen van hooi door de Gap of Mamore (Co. Donegal). *beneden en rechts:* De kust van Donegal heeft vele eenzame stranden en rustige inhammen. Als het weer echter plotseling omslaat, zijn ze vaak niet te herkennen. *rechts:* Een vredige vestiging nestelt zich aan de oevers van Donegal Bay.

ommezijde: Een goudkleurige zonsondergang over Trawbreaga Bay.

links: Een grandioos luchtbeeld over het strand te Moneygold, gelegen ten noorden van Grange (Co. Sligo). *boven:* Benbulben domineert deze landstreek, waardoor W.B. Yeats zich geïnspireerd voelde. Met zijn zeldzame alpen-flora is dit pracht exemplaar van een tafelberg ook van interesse voor de plantkundige. Voor de historicus is Benbulben de plaats waar Diarmuid, held van de 'Vervolging van Diarmuid en Grainne', de dood vond.

beneden en beneden rechts: Ashford Castle, gelegen aan de oevers van Lough Corrib, is een voor Sir Arthur Edward Guinness gebouwd imitatie-kasteel, hetwelk nu een van Ierland's meest vooraanstaande hotels geworden is. *rechts:* het meest markante beeld dat overblijft van Cong Abbey, zijn de drie volmaakte portalen gebouwd in de Romaans/vroeg-Gotische stijl.

ommezijde: Het beeld van St. Patrick houdt wacht over Clew Bay. Croagh Patrick is een traditioneel pilgrimsoord waar zich nu ook goudzoekers begeven.

boven: Ashleagh Falls, gelegen bij Leenane (Co. Galway), is de plek waar de buitenopnamen werden gemaakt voor de film 'The Field' hetgeen gebaseerd was op het toneelstuk geschreven door J.B. Keane. *links:* Clifden, de 'Hoofdstad van Connemara,' is een klein vissershaventje in Clifden Bay, en zou als een ideale basis gebruikt kunnen worden om een der lieflijkste streken in het westen te onderzoeken. *rechts:* De ruïnes van St. Patrick's Church, een heilige bron en de kruisweg, bevinden zich in Downpatrick Head (Co. Mayo). Iets verderop ligt Doontristy, een eenzaam-uitstekende rots.

ommezijde: Hooien in Mayo.

boven links en boven: Krakteriserend voor Connemara zijn de overal zichtbare bergtoppen van de Twelve Bens, waardoor generaties van landschap-schilders zich geïnspireerd voelden. *rechts:* Kingston Bay ligt ten westen van Clifden. *ommezijde:* Avondtafereel te Murrisk, in Westport Bay, (Co. Mayo).

links: Killary Harbour, het bekken van de Erriff River, hetwelk op een fjord lijkt.
boven en onder: Vissersbootjes aan de kade van Roundstone, Connemara.

ommezijde: Traditionele stenen muren zijn een alledaags aanzicht in de buurt van Cornamona en Lough Corrib (Co. Galway).

boven: Dit huisje, met rieten dak, hetwelk zich behaaglijk nestelt in het vreedzame landschap van Leenane, maakt deel uit van de charme van Connemara. *rechts:* Het prachtige berg- en rivierlandschap te Ballinahinch (Co. Galway). *links:* Weiland met uitzicht over Ballinakill Bay.
ommezijde: Stroomversnellingen in de Owenriff River (Co. Galway).

links: Genieten van een middagje golfen in Monaghan. *beneden:* De zon schittert op Lough Ramar, (Co. Cavan). *rechts:* Castle Island, al honderden jarenlang de woonplaats van de MacDermots van Moylurg, is een van de eilanden in Lough Key, Forest Park (Co. Roscommon), hetwelk eens deel uitmaakte van het Landgoed Rockingham.

ommezijde: Gaspeldoorn groeit in overvloed op het schiereiland Cooley, (Co. Lough). *volgende pagina:* Volgens de legenden was Tara eens een belangrijk centrum voor het heidendom, waar St. Patrick het eerste Paasvuur aanstak.

deze pagina: De rivier Liffey doorsnijdt het hart van Dublin. *boven links:* De Queen Maeve Bridge loopt naar de Arran Quay, met op de achtergrond het Gerechtsgebouw de Four Courts. *beneden links:* Ontworpen door James Gandon, werden de Four Courts in 1922 zwaar beschadigd. De buitenkant wordt gedomineerd door een koperen koepel en de beelden van Moses, Gerechtigheid, Barmhartigheid, Wijsheid en Gezag. *rechts:* De O'Connell Bridge, vroeger bekend als Carlisle Bridge, werd in 1791 gebouwd. *boven:* H'Penny Bridge, beter bekend als de 'Metal Bridge', krijgt zijn naam vanwege een bruggegeld van een halve penny, hetgeen vroeger berekend werd aan de voetgangers.

ommezijde: Luchtopname van het stadscentrum van Dublin.

links: De tussen 1729 en 1739 gebouwde Bank of Ireland diende oorspronkelijk als Parlementsgebouw. Het pronkstuk van het huidige gebouw is 'Pearce's House of Lords,' met zijn waardevolle wandtapijten en een kristallen kroonluchter van onschatbare waarde. *boven rechts:* Het Hoofdpostkantoor in O'Connell Street, vanwaar de oproerlingen in het jaar 1916 de Ierse Republiek proklameerden. *boven:* Portobello House diende vroeger als een hotel voor reizigers die het Grote Kanaal bevoerden.

deze paginas: Merrion Square, het tweede grootste plein in Dublin, werd aan het einde van de 18e eeuw voltooid. *boven en beneden:* Enige voorbeelden van de voordeuren uit de tijd van Koning George, waarvoor Dublin beroemd is.

deze pagina: St. Patrick's Cathedral, waar Jonathan Swift als Diaken werkzaam was, is 90 meter lang en dusdanig de langste kerk in Ierland.

links: Het prachtige trappenhuis van het Stadhuis te Dublin.
boven: Het trappenhuis van de Staatsgalerij. De in 1864 geopende Galerij bevat verzamelingen van Europese en Ierse kunstenaars.

boven: De bekendste en meest gefotografeerde ingang van Trinity College Dublin. De in 1592 door Elizabeth I opgerichtte universiteit behield zijn protestants karakter tot in de jaren 1960. De meest merkwaardige schat in Trinity College is 'The Book of Kells.' *links:* De klokkentoren in het binnenhof van Trinity College. *rechts:* De bibliotheek in de Lange Zaal van Trinity College.

links en boven: De Ierse Staatsgalerij bezit meer dan 6000 schilderijen waarvan alleen maar een klein gedeelte tegelijkertijd vertoond kunnen worden.
top rechts: Bezoekers zijn welkom om de prachtige Staatsvertrekken in Dublin Castle te bezoeken. Weinig bleef over van het middeleeuwse slot en zijn tegenwoordige staat is te danken aan uitvoerige restoratiewerken.

top links: Marsh's Library, gebouwd in 1707, is de oudste publieke bibliotheek in Ierland. *boven:* De Staats-bibliotheek bevat belangrijke verzamelingen van boeken, manuscripten, tekeningen, drukwerken en historische archieven. *rechts:* In het Staatsmuseum vindt men een indrukwekkende verzameling van Ierse antiquiteiten.

links: Bruxelles Pub in Harry Street, Dublin. *boven en onder:* De Long Hall in Georges Street is een oude kroeg, compleet met séparées ('snugs'). Na een dag hard gewerkt te hebben, of het bezichtigen van bezienswaardigheden, is er niets prettigers dan te ontspannen met een Pint Guinness of een glaasje van een van Ierland's beroemde whiskeys.

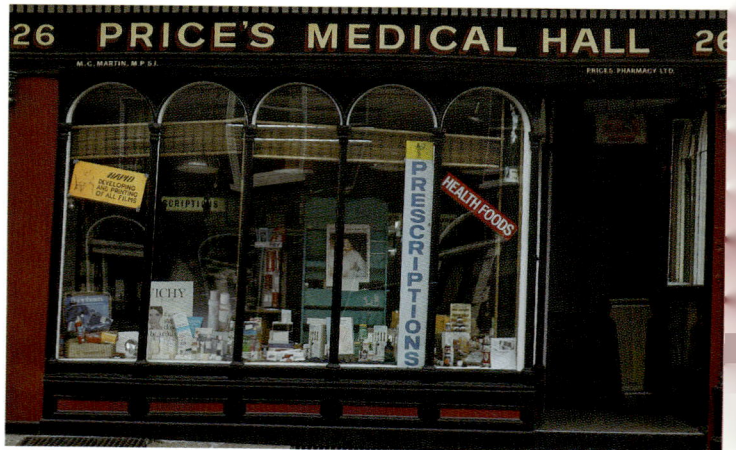

deze paginas: De 18e eeuw weerspiegelt zich af in de traditionele voorgevels van deze winkels en kroegjes.

10 J. KENNEDY. 10
Lounge
Bar

15 O'DONOGHUE'S 15
GUINNESS
LAGER

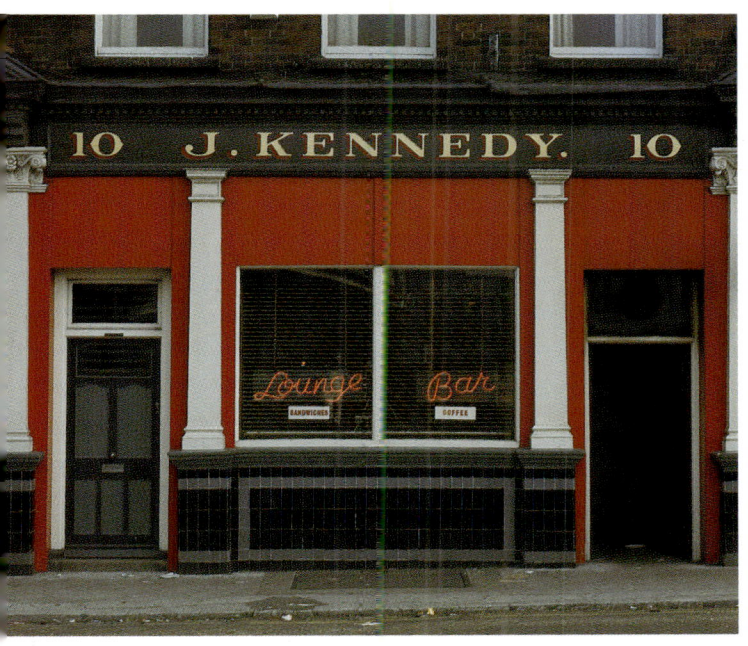

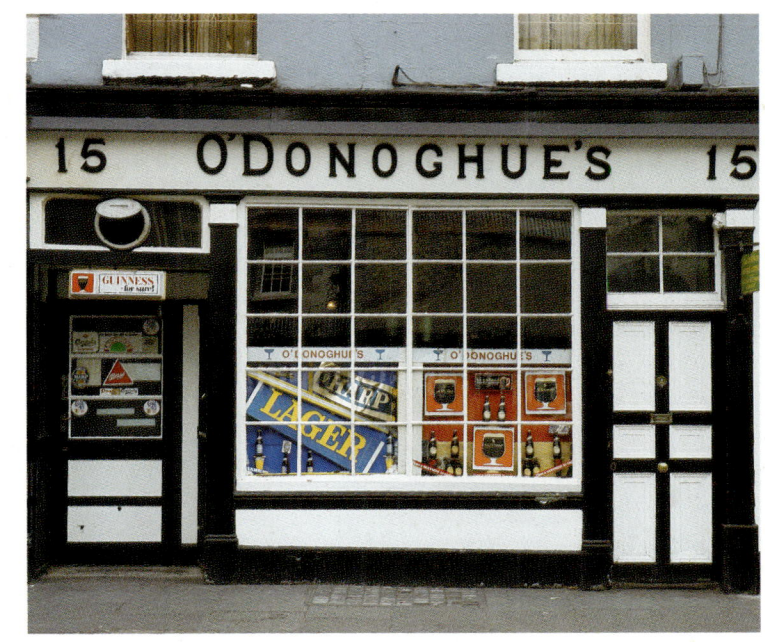

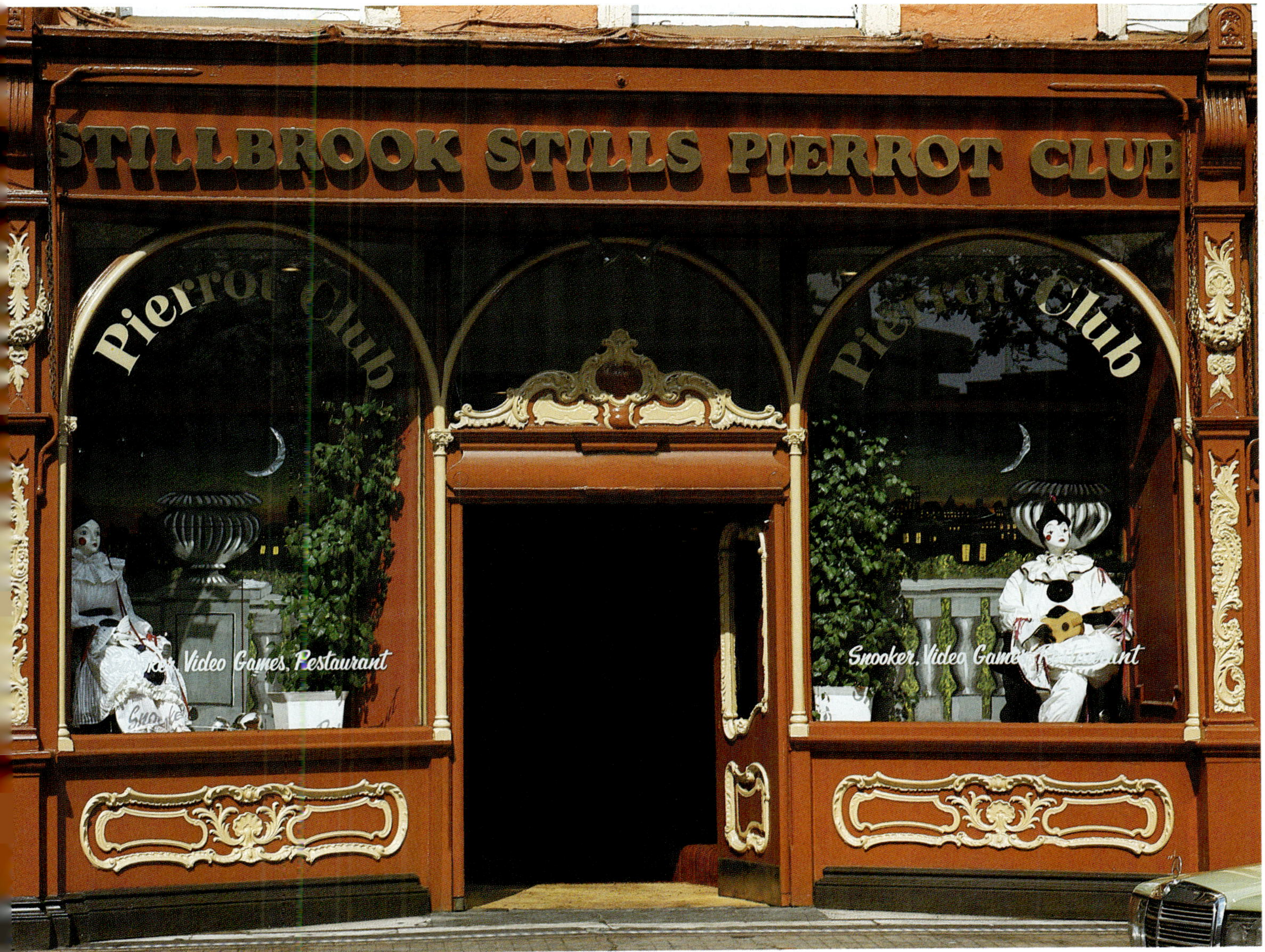
STILLBROOK STILLS PIERROT CLUB
Pierrot Club
Video Games, Restaurant
Pierrot Club
Snooker, Video Game

links: Phoenix Park, met een oppervlakte van 700 ha., ligt ten noorden van Dublin en is een van de grootste en prachtigste stedelijke parken in Europa, waar tot op heden nog herten verblijven. In het park bevindt zich de Residentie van de President van de Republiek, Áras an Uachtaráin. *boven:* Bezoekers aan Dublin kunnen genieten van een rustig wandelingetje langs de oevers van het Royal Canal.

helemaal boven: Luchtopname van Glendalough (Co. Wicklow) met zijn beroemde Ronde Toren.
ommezijde: Waterval in de rivier Glenmacnass, dichtbij Laragh, (Co. Wicklow).

links: Hook Head is een lang, nauw schiereiland hetgeen beroemd is voor zijn prachtige koralen. *boven:* Kilmore Quay, 20 km van Rosslare verwijderd, is een bekend centrum voor diepzee vissers.
ommezijde: Uitzicht vanaf de Dunamase Rock, dichtbij Portlaois, (Co. Laois).

helemaal boven: Een vredig tafereel over Blackwater River (Co. Meath). *boven:* Tot op heden is Birr Castle de zetel van de Parsons familie, die het slot al veertien generaties lang bewonen. *rechts:* Het kasteel van de Butlers in Cahir (Co. Tipperary), gebouwd in 1142, werd onder Elizabeth I door de Graaf van Sussex veroverd en kapituleerde in 1650 aan de troepen van Cromwell.
ommezijde: Het klooster Clonmacnoise, (Co. Offaly).

links: De Ronde Toren aan de Baai van Ardmore, dateert uit de 9e eeuw en is hoogstwaarschijnlijk een van de oudste torens in Ierland. *helemaal boven:* Bij Knockfune stijgen de glooiende hellingen van Slieve Kilmalta tot bijna 700 meter hoog. *boven:* De Rock of Cashel verheft zich majestueus bovenop een kalkstenen heuvel en overziet de vlakten van Tipperary.

deze pagina: In Waterford maken geschoolde vakarbeiders het beroemde, en over de hele wereld uitgevoerde, Waterford kristal.

ommezijde: Het zacht glooiende heuvelland rondom Knocknanash (Co. Waterford).

links: Het 8 km-lange kustlandschap van de klippen van Moher (Co. Clare) verheffen zich meer dan 200 meter hoog boven de Atlantische Oceaan. *boven:* De rivier Ennistymon, Cullenagh. *beneden:* Een inham bij Tramore (Co. Waterford).

deze paginas: Kinsale (Co. Cork) is wellicht een der charmantste havenstadjes van Ierland en ligt aan de mond van de Bandon Rivier. Voor de historicus is dit plaatsje van belang daar hier de slag van Kinsale plaatsvond in het jaar 1601. Toen de aanvalsplannen onderschept werden, en de gecombineerde strijdkrachten van de Spanjaarden en de Ieren in wanorde vielen en terugtrokken, viel Kinsale opnieuw in de handen van de Engelsen.
ommezijde: Op de oevers van Adrigole Bay.

deze pagina: Blarney Castle en de Blarney Stone. Het kasteel werd in 1446 onder leiding van Cormac Laidir MacCarthy gebouwd. Beneden de kantelen bevindt zich de beroemde Steen van Blarney die je de 'gift van welsprekendheid' geeft, als je hem kust.
ommezijde: De vruchtbare vlakten van de Provincie Cork.

boven links en links: Cork, de derde grootste stad in Ierland, ligt mooi aan de Rivier Lee. De middeleeuwse oorsprong van Cork kan worden toegeschreven aan een klooster wat gebouwd werd door St. Finbarr. Zoals met zovele andere Ierse kloosters, werd het later door de Vikingen aangevallen. Koning Dermot MacCarthy kapituleerde aan de Engels-Normandiërs, hetgeen niet genoeg was en de stad werd in 1185 een Engelse kroonkolonie verklaard.
boven: Father Matthew Memorial Church en Parliament Bridge.

ommezijde: St. Colman's Cathedral domineert de haven van Cobh (vroeger bekend als Queenstown) en ligt niet ver van de stad Cork.

links en ommezijden: De meren van Killarney behoren tot de talrijke mooie plekjes in de Provincie Kerry. *boven:* Een waterval in de Owenreagh Rivier.
ommezijde: Een rustplaatsje op de oevers van een der meren in Killarney.

links: Dingle is een charmant marktstadje en vissershaven, gelegen ten zuiden van het schiereiland Corca Dhuibhne. *beneden:* Castle Street, de drukke hoofdstraat van de Hoofdstad van Kerry. *rechts:* Het glanspunt van Killarney is hoogstwaarschijnlijk St. Mary's Cathedral.

deze pagina: Muckross House werd in 1843 gebouwd en bevat een volksmuseum waar men tot op heden nog het traditionele weven kan bekijken. *ommezijde:* Muckross Abbey, een van Ierland's mooiste gothische abdijen, werd in 1440 door de Franciscanen opgericht.

links: Grazende schapen op de heuvelachtige weilanden rondom het dorpje Anascaul, (Co. Kerry). *boven:* De met wolken omhangen kruinen van Caherconree Mountain, die deel uitmaakt van de bergketen Slieve Mish in Co. Kerry.

links: Uitzicht over het prachtige strand van Smerwick Harbour in de richting van Kilmalkedar, met de Drie Zusters op de achtergrond. *rechts:* Het schiereiland Dingle. De ruige schoonheid van het schiereiland Corca Dhuibhne verbergt een rijkdom aan voorhistorische ruïnes.

top links en boven: Enige beelden van het landschap rondom Dingle. *rechts:* Het strand van Coumeenoole.

ommezijde: Doon Point ligt dichtbij de mond van de Shannon River.